Couverture inférieure manquante

Original en couleur

NF Z 43-120-8

DE

L'ENNUI

(*TÆDIUM VITÆ*)

PAR

A. BRIERRE DE BOISMONT.

EXTRAIT DES

Annales médico-psychologiques.

PARIS
IMPRIMERIE DE L. MARTINET,
RUE ET HÔTEL MIGNON, 2.
(Quartier de l'École-de-Médecine.)

1850.

DE

L'ENNUI

(*TÆDIUM VITÆ*)

PAR

A. BRIERRE DE BOISMONT.

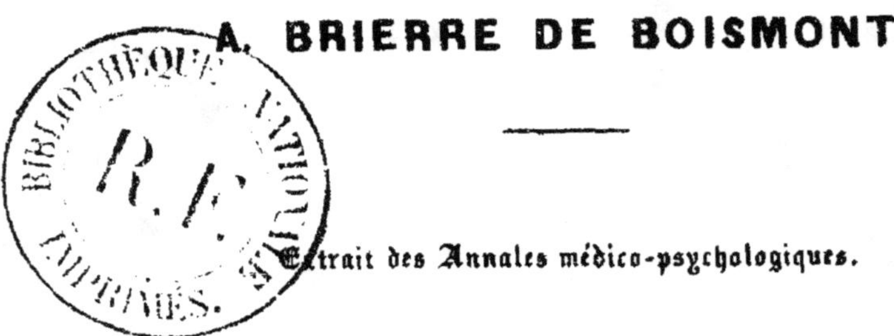

Extrait des Annales médico-psychologiques.

PARIS
IMPRIMERIE DE L. MARTINET,
RUE ET HÔTEL MIGNON, 2.
(Quartier de l'École-de-Médecine.)

1850.

(Extrait des Annales médico-psychologiques.)

DE L'ENNUI

(*TÆDIUM VITÆ*),

PAR

A. BRIERRE DE BOISMONT.

—

PREMIÈRE PARTIE.

L'homme qui pense est un animal dépravé, a écrit quelque part un philosophe fameux; il eût été plus naturel de dire, un animal qui s'ennuie. On a beaucoup critiqué le mémoire de l'*Influence de la civilisation sur le développement de la folie*, que je lus, il y a douze ans, à l'Institut. Si je le publiais aujourd'hui, croit-on que les événements qui se sont accomplis depuis cette époque seraient de nature à modifier mes conclusions? Eh bien! ce que j'affirmais de la fréquence de la folie dans les pays civilisés, je puis l'avancer avec encore plus de raison de l'ennui.

La première description que nous connaissions de cette maladie morale nous a été laissée par Sénèque. Voici commen s'exprime sur elle cet auteur célèbre qui écrivait à son ami Sérène, dans le premier siècle de notre ère, au milieu d'une société raffinée dont nous admirons les chefs-d'œuvre :

« Le mal qui nous travaille n'est pas dans les lieux où nous » sommes, il est en nous; nous sommes sans force pour suppor- » ter quoi que ce soit, incapables de souffrir la douleur, im- » puissants à jouir du plaisir, impatients de tout. Combien de » gens appellent la mort, lorsqu'après avoir essuyé de tous les » changements, ils se trouvent revenus aux mêmes sensations » sans pouvoir rien éprouver de nouveau! La vie, le monde leur » sont devenus à charge; et au sein même des délices, ils » s'écrient : Quoi! toujours la même chose! » (Seneca, *de Tranquillitate animi*, c. II, *sub fin.*, et lettre XXIV). (1).

Parole fatale que nous retrouverons à toutes les époques de nos recherches, car elle est le cri des âmes qui préfèrent la rêverie au travail, qui aiment mieux s'agiter qu'agir, jusqu'à ce qu'un jour, pour s'affranchir des fatigues de l'action, elles se réfugient sous la froide et lourde pierre de Montaigne.

Au temps de Sénèque, en effet, le suicide fut une véritable maladie contagieuse ; les hommes éprouvaient comme une sorte de besoin de mourir. La vie leur paraissait une chose superflue (ep. XXIV). On vit périr de leurs propres mains une foule d'hommes distingués, de guerriers habiles. Horace, dans ses satires, raconte que les gens ennuyés et désespérés allaient au

(1) Voici la traduction littérale de ce passage : « Le mal qui nous tourmente tient non pas à tel ou tel lieu, mais à nous-mêmes. Nous sommes faibles en face de tout ce qu'il s'agit de supporter; nous ne pouvons souffrir ni le travail, ni le plaisir, ni notre propre personne, rien enfin pendant quelque temps. Il en est qui sont poussés à se donner la mort, parce que, changeant souvent leurs projets, ils retombaient dans le même cercle, et n'avaient pas laissé de place à la nouveauté. Ils se sont mis à prendre la vie, le monde même en dégoût, et alors ils ont fait entendre ce cri des enragés de voluptés : Sera-ce donc toujours la même chose? »

pont Fabricius, mettre un terme à leurs souffrances. (Lib. II, sat. III, vers. 32 et seq.)

Le christianisme modifia profondément cet état des âmes, mais il ne put triompher entièrement par ses préceptes de ce sentiment de tristesse et de dégoût qui tourmente tant d'hommes, et l'ennui se réfugia dans les cloîtres. C'est dans les écrits des pères de l'Église, et notamment dans les trois livres de saint Jean-Chrysostome à Stagyre, qu'il faut lire la peinture admirable du malaise, de l'inquiétude, de la tristesse qui consumaient le monde au milieu des joies les plus étourdissantes, et du besoin qui poussait les hommes à chercher ainsi dans le suicide un terme plutôt qu'un remède à leurs maux.

Stagyre était un de ces esprits malades et agités qui croient appartenir à l'élite, parce qu'ils n'ont pas la force des esprits vulgaires; qui se font des joies et des peines à part de tout le monde, et qui, pour dernier trait de faiblesse et d'impatience, méprisent à la fois et envient la simplicité et le calme de ceux qu'ils appellent les petites gens. Pour se délivrer de son ennui, il était entré dans un monastère; mais il n'y rencontrait pas le calme, car il ne trouvait dans son cloître que ce qu'il y avait apporté. Le monde entier, comme l'a fait observer M. de Lamartine dans ses *Nouvelles confidences*, ne contient jamais, en effet, que ce qu'on y voit intérieurement. La réponse de saint Chrysostome à ses plaintes est curieuse, en ce qu'elle indique un des remèdes du mal, et qu'elle montre que le jeune moine, comme bien des malades, ne pouvait supporter ni le mal ni le remède. » Ce qui vous fait peine surtout, Stagyre, dit le saint, c'est de voir que beaucoup d'hommes qui étaient en proie au démon de la tristesse, quand ils vivaient dans les délices et dans les plaisirs, s'en sont trouvés tout à fait guéris une fois qu'ils ont été mariés et qu'ils ont eu des enfants; tandis que vous, ni vos jeûnes, ni vos veilles, ni toutes les austérités du monastère n'ont pu soulager votre mal. (Saint Chrysostôme, éd. Gaume, t. I, p. 191.)

Ainsi, dit M. Saint-Marc Girardin, ce n'était point faute de plaisirs et de délices que les hommes étaient tourmentés par la tristesse ou plutôt par l'*athumia*, mot grec qui est cent fois plus énergique; les belles esclaves, les danses ioniennes, les repas magnifiques, les combats des gladiateurs, les contes licencieux de Milet, les peintures voluptueuses qui tapissent les murs de Pompeï et d'Herculanum, rien ne faisait, et l'*athùmia* empoisonnait tout cela. Mais si, fatigués de ces plaisirs et de ces angoisses, ils prenaient des mœurs régulières, s'ils se mariaient et avaient des enfants, alors, et comme par enchantement, le démon de l'ennui s'éloignait. La vie de famille et sa paisible douceur faisaient fuir les inquiétudes et les malaises. Comment, en effet, résister aux caresses des enfants. Pour échapper à l'épuisement, il faut que l'âme espère, qu'elle ait de l'avenir, les enfants sont l'avenir de chaque famille. (Saint-Marc Girardin, *Cours de littérature*, *Du suicide et de la haine de la vie.*) Ce caractère marque la différence de la maladie de l'ennui et de la folie : dans celle-ci, en effet, l'influence de la famille est presque toujours nulle, quand elle n'est pas contraire.

Saint Chrysostôme examine ensuite quel est le genre de tristesse que possède Stagyre, et il fait voir de la manière la plus claire que sa tristesse n'est que l'effet du dérèglement et de la mollesse de l'âme; chagrins capricieux, qu'il suffit souvent d'un véritable malheur pour guérir aussitôt, parce qu'il n'y a pas d'erreur qui tienne contre la vérité. Après avoir gourmandé éloquemment ces fausses misères, il les analyse avec un talent d'observation qui semble appartenir à un moraliste moderne. « Le meilleur moyen de se délivrer de la tristesse, dit-il, c'est de ne point l'aimer. » (*Id.*, p. 269.) Mot profond et dont nous sentons aujourd'hui la justesse. Il faudrait les haïr ces chagrins importuns qui nous cuisent et nous rongent; mais, comme ils tiennent à nos passions par mille fibres vivantes, nous les réchauffons avec une sorte de tendresse. Est-ce à dire pour cela qu'il faille répudier la tristesse? Non! créée par Dieu, elle est bonne aussi ; il faut seulement savoir l'employer, et la vraie manière de s'en servir est d'être tristes, non quand nous souffrons, mais quand nous faisons mal.

Écoutons maintenant saint Jérôme : « Il est des moines, ajoute ce saint père, qui, par l'humidité des cellules, par des jeûnes immodérés, par ennui de la solitude, par excès de la lecture,... tombent dans la mélancolie, et ont plutôt besoin des remèdes d'Hippocrate que de nos avis... J'ai vu des personnes de l'un et de l'autre sexe, en qui le cerveau avait été altéré par trop d'abstinence, surtout parmi celles qui habitaient dans des cellules froides et humides. Elles ne savaient plus ce qu'elles faisaient ni comment se conduire, ni ce qu'il fallait dire ou taire. (Saint Jérôme, *litt.* 95, *ad Rusticum;* 97, *ad Demetriadem.*)

Les documents deviennent plus rares ; cependant de loin en loin, à travers la poussière des siècles, on suit la trace de cette maladie dans les monastères. C'est ainsi que M. Magnin, en compulsant les manuscrits d'Hrosvita, religieuse de Gandersheim, au xe siècle, exhume de sa tragédie de *Callimaque* les subtilités, la mélancolie, le délire de l'âme et des sens, et jusqu'à cette fatale inclination au suicide et à l'adultère, attributs presque inséparables de l'amour au XIXe siècle. (*Revue des Deux Mondes*, 15 novembre 1839.)

Mais, avec le XIIe et le XIIIe siècle, une révolution générale s'opéra dans les esprits, dans la nature des relations sociales, dans la littérature et dans les arts (hérésies albigeoises, croisades). A la vie de château, au sentiment religieux, au petit nombre d'idées succédèrent l'esprit de doute et d'examen, l'enthousiasme chevaleresque, le relâchement des mœurs. L'ennui, dit M. Bourquelot, s'empara des populations du moyen âge, comme il s'est emparé des peuples modernes, fatigués, blasés, imbus d'une philosophie sceptique ; et souvent les hommes et les femmes, les moines et les chevaliers éprouvèrent le besoin d'en finir avec l'existence.

La manie du suicide, bornée d'abord à quelques exceptions,

se ranima comme un souvenir des temps antiques, et pénétra dans les diverses classes de la société. Blanche de Castille, la femme sainte, la mère de saint Louis, en apprenant la mort de son époux Louis VIII, tombe dans un si profond désespoir, qu'elle veut s'arracher la vie. (*Chroniq. de Philippe Monskes*, (in-4° publié par M. de Reiffenberg), t. II, p. 554....., Frère Garius qui l'encontre.) L'infortuné Regnault, comte de Boulogne, fait prisonnier à la bataille de Bouvines, et ayant perdu, lors de l'avénement de Louis IX au trône (1226), toute espérance de recouvrer jamais la liberté, se donna la mort dans sa prison. (*Chron. Alberic*, *a.*, 6, Leibn., édit. 1698, p. 522.) Les romans et les poëmes du XIIe et du XIIIe siècle renferment de touchants épisodes où les peines de l'amour, la crainte du déshonneur, conduisent à la mort les châtelaines et les héros.

Sénèque nous a montré l'âme de ses contemporains pleine d'ennui et de dégoût, languissante, privée de développement et d'essor, n'osant se regarder elle-même, mécontente de ce qu'elle a fait, hésitant sur ce qu'elle doit faire. L'homme se plonge de plus en plus dans la solitude sans y trouver le repos qu'il cherche; il appelle en vain les distractions; il se donne du mouvement, il voyage, il fait succéder une émotion à une autre émotion, il change un spectacle pour un autre spectacle, il veut se fuir et il se poursuit : il se retrouve sans cesse; il est à lui même un compagnon importun. (Félix Bourquelot, *Biblioth. des Chartes*, t. III, p. 539 à 560. *Recherches sur les opinions et la législation en matière de mort volontaire pendant le moyen âge.*)

Saint Chrysostôme nous a également dépeint la tristesse, l'*athumia*, le défaut d'énergie et de ressort, l'abattement, ou, pour traduire d'une manière exacte, le néant de l'âme; il y a, dans ce cas, apathie, défaut d'action, mais l'intelligence est libre, elle peut agir, et si elle ne le fait pas, c'est qu'elle le veut ainsi.

Dans saint Jérôme, l'*athumia* a fait un pas en avant. Jusqu'à présent la raison, quoique dans le vague, et se repaissant de sentiments chimériques, était saine; mais la limite est enfin franchie, et dans la description de saint Jérôme, on voit poindre l'aliénation mentale.

Ces désordres de l'intelligence sont bien autrement marqués dans l'*acedia* des moines, dont Cassien, qui écrivait au XIIIe siècle, nous a laissé la description, et dans les folies de la démonolâtrie dont M. Calmeil a recueilli un grand nombre d'exemples.

Il existe, rapporte Cassien, un genre détestable de tristesse, qui, loin de porter les hommes à une régularité plus grande dans leur conduite et à l'amendement de leurs défauts, jette leurs âmes dans le désespoir le plus funeste (1).

Les écrivains ecclésiastiques se sont fréquemment occupés de cette maladie morale du monde monacal, à laquelle ils ont donné le nom particulier d'*acedia* (2). Cette maladie mène droit au suicide, et les exemples des moines qu'elle y a poussés sont nombreux (3). Voici, entre autres, ceux que Césaire, religieux de Citeaux, cite dans ses *Dialogi miraculorum*, composés au XIIIe siècle. Une religieuse, d'un âge avancé, d'une sainteté

---

(1) Cassiani, lib. IX, *de Spiritu tristitiæ*, Ap. Cass. *opera omnia*, ab Alardo Gazæo edita. Paris, 1642, p. 193.

(2) On lit dans le *Speculum morale* de Vincent de Beauvais (in-fol., Argentinæ, 1476, lib. III, p. VI): « ..... Accidia est quedam tristitia aggravansque ità deprimit animam hominis, ut nihil ei agere libeat, et imo accidia importat quoddam *tedium benè operandi*... Filie accidie multe sunt, quod multis modis per accidiam peccat homo. Ejus autem filie sunt hec : Dilatio, signities, sive pigritia, tepiditas, pusillanimitas, inconstantia sive imperseverantia et inquietudo corporis, evagatio mentis, ignorantia, ociositas, verbositas sive multiloquium, murmur, taciturnitas mala, indiscretio, gravedo, somnolentia, negligentia, omissio, indevotio, languor, tedium vitæ, impeditio bonorum, impenitentia, desperatio. »

(3) *Histor. monast. Villariensis*, lib. II, cap. VIII, in *Thes. anecd.* D. Martene, t. III, col. 1368.

exemplaire, se sent tout à coup *troublée par le mal de tristesse, et tourmentée de l'esprit de blasphème de doute et d'incrédulité*; elle tombe dans le désespoir, refuse les sacrements, puis, se croyant condamnée au feu éternel, et craignant que, suivant la menace du prieur qui la dirige, son corps ne soit enterré sans honneur dans les champs, elle se précipite dans la Moselle, dont on parvient à la retirer vivante (1). Un convers, jusqu'à la vieillesse, avait mérité l'estime et les éloges de ceux qui l'entouraient, par la régularité de sa conduite et par le rigorisme de ses pratiques religieuses. Mais enfin, il fut pris d'une sombre mélancolie; il s'imagina que ses péchés étaient trop grands pour que Dieu voulût lui pardonner, et désespéra de son salut; il ne pouvait plus prier, et, plein d'un doute accablant, il se jeta dans un réservoir d'eau voisin du monastère, où il périt noyé (2). Une jeune religieuse est *séduite par les artifices magiques* d'un moine, et ne pouvant résister aux tentations qu'il lui inspire, devenue folle d'amour, elle veut sortir du couvent. On l'en empêche, et alors, obéissant à l'impulsion de son désespoir, elle se précipite dans un puits et meurt (3). Baudouin, moine de Brunswick, la tête affaiblie par les veilles et le travail, se pend à la corde de la cloche de son couvent; on parvint à le sauver de la mort, mais il ne put recouvrer l'intégrité de sa raison (4). On lit aussi dans Cassien le récit de la mort d'un vieux moine, nommé Héron, qui se précipita au fond d'un puits (5). Il importe de remarquer que, pour ce dernier, le prieur du couvent permit qu'il fût enterré avec les prières de l'église, à cause de la ferveur qu'il avait montrée pendant son long séjour.

Les auteurs qui racontent ces suicides, et Césaire entre au-

---

(1) Caput XL. *Cœsarii monast. cisteriensis Dialogi miraculorum, distinct.* III, ap. Tissier, *Bibl. cisterciensis* (in-fol., 1600), v. I, t. II, p. 95.

(2) Caput XLI, *id., ibid.*

(3) Caput XLII, *id., ibid.*

(4) Caput XLV, *id., ibid.*

(5) *Cassiani Collatio*, II, cap. V.

tres, les considèrent comme tellement honteux pour les ordres monastiques, qu'ils hésitent à les rapporter, et surtout à nommer les lieux et les couvents où ils ont été accomplis. Césaire craint aussi que ce ne soit une chose funeste pour les faibles d'entendre de pareils récits (1). Ailleurs, il s'exprime ainsi : « Peut-être Dieu permet de pareilles choses, afin que nul, quelque parfait qu'il soit, ne s'enorgueillisse de ses vertus et de ses œuvres. » Le même auteur pense qu'une ferveur indiscrète est susceptible d'engendrer la tristesse nommée *acedia*, et, après s'être demandé ce que doivent devenir les âmes de ceux qui se sont donné la mort à eux-mêmes, il établit la distinction suivante : « Si la tristesse et le désespoir, mais non pas la frénésie et l'aliénation de l'esprit, sont les seules causes du suicide, il n'y a pas de doute que celui qui le consomme est damné. Quant aux fous et aux furieux, qui sont privés de raison, ce n'est pas une question s'il sont sauvés, de quelque façon qu'ils meurent, pourvu toutefois qu'avant de tomber en démence, ils aient eu l'amour de Dieu (2).

Ces divers paragraphes prouvent que l'église se relâchait quelquefois de ses rigueurs, lorsqu'il y avait des circonstances atténuantes, et qu'elle savait très bien faire la distinction entre les états moraux, résultats de la mauvaise direction des pensées, mais dont la volonté pouvait triompher, et les désordres de l'esprit occasionnés par la folie ; ils prouvent aussi qu'elle connaissait les dangers de l'exagération religieuse et de l'imitation contagieuse.

La tristesse, l'ennui, le spleen, le dégoût de la vie, encore augmentés par le silence des cloîtres, la vie contemplative, l'ascétisme et le mysticisme, disposaient les esprits faibles, rêveurs, mélancoliques et déjà malades, à recevoir les impressions sociales de l'époque. Comme la crainte de l'enfer, la peur des

---

(1) Caput XLI, *Dialogi miraculorum Cæsarii,* loco citato.
(2) *Id., ibid.*

démons et la terreur de la fin du monde étaient les idées dominantes du xe et du xie siècle, il se développa dans les monastères comme une véritable épidémie qui a été décrite sous le nom de *monomanie suicide des démonolâtres.*

On s'étonne de nos jours de voir les criminels disposer d'une vie que réclame la justice. Les démonolâtres (femmes) de la haute Allemagne, dit M. Calmeil, arrivaient aux audiences la figure et le corps couverts de meurtrissures et d'ecchymoses. Elles se frappaient à la manière des lypémaniaques, en cédant à l'impulsion du délire et du désespoir. C'était pourtant, à les en croire, le diable qui les mettait en cet état et qui les battait en arrière, parce qu'il était outré des aveux qu'elles faisaient aux juges. Finalement, poussées à bout de tous les côtés, n'ayant en perspective que leurs tortures morales, la question et le bûcher, elles cherchaient dans le suicide un remède contre tant de maux, et s'étranglaient avec les lambeaux de leur misérable défroque, en s'attachant aux barreaux de leur prison. (Sprenger, *in malleo maleficorum*, p. 166.)

Les démonolâtres se donnaient la mort soit par dégoût de la tyrannie du démon, soit par l'effet du remords, soit par la crainte de la justice humaine. Il leur arrivait à chaque instant de se pendre, de se précipiter dans les puits, dans les rivières, de se percer avec des instruments vulnérants. Un condamné, dit Rémy, fait usage pour s'étrangler d'une bandelette en toile à moitié pourrie dont il a fixé les bouts à un os enfoncé dans la muraille. Ses jambes étaient repliées sur ses cuisses et ses genoux touchaient presque à terre; cependant, il n'en avait pas moins atteint son but, et il était mort dans cette posture, tout aussi bien que si le bourreau l'eût lancé du haut d'une potence et tenu suspendu au bout de la meilleure corde. (M. Remigius, *opere citato*, p. 352, 353, 355, 357.) Voir Calmeil, *De la folie* (1).

(1) Voir nos observations médico-légales, *Annal. d'hygiène*.

Quelque soin que nous ayons mis à parcourir les écrits relatifs à l'ennui, au dégoût de la vie, à la tendance au suicide, il faut reconnaître que les faits de ce genre, pendant le moyen âge, sont peu nombreux, comparés à ceux que nous fournira le XIXe siècle. En vain répétera-t-on l'éternel refrain que la question est mieux étudiée de nos jours, que la statistique ne fait que de naître ; nous nous contenterons de répondre que les faits moraux ont toujours été bien observés, et qu'il suffit d'ailleurs d'avoir un tableau exact des idées dominantes, des lois, des mœurs, des usages d'une époque, pour en refaire le bilan intellectuel et moral. Or, tous les ouvrages écrits sur le moyen âge s'accordent à dire qu'aux XIVe, XVe et XVIe siècles, le meurtre de soi-même était classé parmi les crimes et puni comme tel ; l'idée propagée par l'église chrétienne avait fini par s'enraciner dans les esprits, et passer de la loi pénale dans les mœurs publiques. Il y eut sans doute des suicides pendant ces siècles, et M. Bourquelot en a rapporté des exemples, quoiqu'il les ait trop généralisés ; mais, malgré la circulation plus grande des idées, le sentiment religieux, si longtemps maître de la pensée humaine, leur opposa une digue puissante et parvint à les contenir dans des limites resserrées. D'ailleurs, nous n'avons pas à nous occuper ici de l'histoire du suicide en général, mais de l'influence qu'eut l'ennui sur cette détermination.

Il n'est point douteux cependant que le mouvement intellectuel du XVIe siècle ne produisît une foule de sentiments nouveaux ; l'activité personnelle de chaque individu dut, il est vrai, laisser moins de temps et de place aux ennuis et aux tristesses de l'âme, mais d'un autre côté, le réveil des sciences et des lettres, les apologies du suicide, exercèrent une influence contagieuse sur cette tendance à la rêverie et à la mélancolie si commune parmi les hommes. L'ébranlement de la foi dont ce siècle fut le point de départ, la renaissance de la philosophie, ne contribuèrent pas peu à répandre les germes du doute et du scepticisme dont nous aurons la personnification dans Werther.

Les doctrines sensualistes du XVIIIe siècle, les atteintes portées aux croyances religieuses, les encouragements donnés au suicide par les écrivains les plus distingués, avaient produit leurs fruits : l'ennui et le dégoût de la vie s'emparèrent de nouveau des esprits. Rousseau, dans le personnage de Saint-Preux, et Goethe dans celui de Werther, résumèrent les sentiments de leurs compatriotes. Quoique ces deux figures appartiennent au roman, comme elles ne sont pas moins la reproduction exacte des tendances de l'époque, nous en dirons quelques mots, sans oublier Réné, Raphaël, car Saint-Preux, Werther, Réné, Raphaël, ce sont Rousseau, Goethe, Chateaubriand, Lamartine, et ces grands hommes sont eux-mêmes les microcosmes de leur temps.

Werther est le type des personnages ardents et exaltés, manquant de force et de patience ; la vie n'est pas faite pour eux. Un insecte mortel l'a piqué dans la fleur de sa jeunesse ; cet insecte, c'est l'esprit de doute, c'est l'esprit du XVIIIe siècle, le scepticisme. Lorsque Werther rentre en lui-même, il y trouve un monde plutôt en pressentiments et en sombres désirs qu'en réalité et en action. Cette mélancolie oisive n'apaise pas les passions ; un instant il est occupé, mais il se retire rapidement des affaires, ayant hâte de rentrer dans la vie intérieure ; car c'est là qu'il met le mouvement, c'est là qu'il s'agite et se travaille, c'est là le spectacle dans un fauteuil.

Le véritable travail, il le dédaigne, quoique un état soit le moyen d'ajouter à son prix personnel, et que surtout il soit l'accomplissement de la loi divine. Dieu nous a mis ici-bas pour agir et non pour rêver ; à toutes nos pensées, à tous nos sentiments, il a attaché l'action comme une nécessité ; à la piété, le culte ; à l'amour, le soin de la famille ; à l'idée du beau, les arts. Nulle part, Dieu ne s'est contenté de la pensée, parce qu'elle s'évanouit bientôt dans la rêverie, et que la rêverie a inspiré de tous temps le dégoût du travail, et mené au suicide.

On trouve dans Stobée l'histoire d'un jeune homme qui, forcé par son père de se livrer aux travaux de l'agriculture, se pendit, laissant une lettre où il déclarait que l'agriculture était un métier trop monotone; qu'il fallait sans cesse semer pour récolter, récolter pour semer, et que c'était là un cercle infini et insupportable. (Stobée, édition Gaisfort, ch. 57, t. II, p. 420.) Ce suicide, par orgueil et par paresse, ressemble à beaucoup de suicides modernes. (J. Stobæus, *Sermones vel Anthologicon*, en latin *Florilegium*. Oxford, 1822. 4 volumes, par Gaïsford.) Stobée vivait vers le ve siècle.

Ce qui manque à Werther, c'est le respect de la volonté de Dieu, ce goût de la règle qui rend la vie facile et douce, parce que, fils du XVIIIe siècle, il n'a pas la foi simple et ferme qu'avaient ses pères. Ce qu'il y a surtout d'intéressant à étudier dans le caractère de Werther, fort commun même parmi les gens qui ne se tuent pas, ce sont les divers degrés de sa défaite, les émotions diverses entre la première et la dernière pensée. Tantôt l'âme se rattache avec une sorte de joie douloureuse aux souvenirs de la vie, tantôt elle se sent prise d'une aigreur impatiente qui fait que tout le choque et le blesse, un mot, un geste, un regard. Mais, dans cette impatience même, on sent l'effort et la révolte de la vie contre une résolution fatale que l'homme, arrivé à ce point, n'a plus la force de changer, et qu'il n'a pas non plus la force d'accomplir.

Werther est de l'école de Saint-Preux, auquel il a emprunté son amour passionné. Il est curieux de remarquer, en passant, l'effet que produisirent sur les contemporains les deux influences contradictoires de Rousseau et de Voltaire. Les passions romanesques succédèrent aux bonnes fortunes des Roués; ce fut un changement de mode plutôt qu'une révolution dans les mœurs; il y eut de grandes paroles et de petits sentiments, des émotions médiocres et des conversations enthousiastes. Un autre point de ressemblance, c'est cette sensibilité, qui, malgré l'exaltation du langage, tient plutôt encore à la tendresse des sens qu'à la tendresse de l'âme; et c'est là vraiment la tendresse telle que l'entendait le XVIIIe siècle. (Saint-Marc-Girardin.)

Cette sensibilité, moitié âme et moitié corps, est un mauvais préservatif contre la pensée du suicide. *Sensus carnis mors est*; a dit saint Paul, *sensus verò spiritûs vita et pax.* (*Ep. aux Rom.*, ch. 8, v. 6.) Aussi Werther succomba-t-il, en léguant, comme l'a très bien fait observer madame de Staël, cette fatale disposition de son esprit à une génération de rêveurs sur laquelle elle produira les plus fâcheux résultats.

René, qui inaugure ce siècle, est le continuateur de Sérène, de Stagyre, de Werther; malgré son éducation religieuse, le doute est au fond de son âme. Ce jeune homme à l'âme ardente, inquiète et dévastée, à l'imagination effrénée, aux désirs infinis vers un but inconnu et qu'on n'atteint jamais; plutôt rêveur qu'homme d'action, plutôt poëte que logicien, est bien la personnification de cette jeunesse souffrante que les horreurs dont elle avait été témoin avaient dégoutée de la vie. A l'époque où il parut, on sortait d'une révolution qui avait renversé les deux colonnes fondamentales de la France, la religion et la royauté. Des flots de sang avaient emporté le prêtre, le monarque et le noble. Point de famille qui ne comptât des victimes, pas de fortune qui n'eût été ébranlée ou anéantie; partout des débris, nulle part un refuge. Les croyances étaient mortes, les espérances également. Le désespoir, le scepticisme, la vengeance régnaient dans les esprits. Les crimes, les apostasies, les délations avaient montré en maintes circonstances jusqu'où peuvent aller les mauvaises passions et tout ce qu'il y a de souillures au fond du cœur de l'homme. Un découragement immense avait succédé à la foi des siècles précédents. Lorsque, plus tard, René reprend son véritable nom et publie ses *Mémoires d'outre-tombe*, on lit presque à chaque page l'aveu de l'ennui qui le dévore. Qu'il soit orateur, écrivain, ambassadeur, ministre, il n'est jamais content; la place où il est lui pèse; il faut qu'il en change, jusqu'à ce que, chargé d'années et d'ennui, il s'asseye silencieusement dans un coin, se renfermant dans un dédaigneux silence.

Lisez Raphaël, qui, comme René, a divulgué dans ses *Nouvelles confidences* le secret de son nom, vous retrouverez dès les premières pages la mollesse, l'indécision, le vague, la rêverie, qui sont l'apanage de ces esprits en qui la foi est morte.

« ......; La langueur de toutes choses autour de moi était une merveilleuse consonnance avec ma propre langueur. Elle s'accroissait en la charmant. Je me plongeais dans des abîmes de tristesse. Mais cette tristesse était vivante, assez pleine de pensées, d'impressions, de communications intimes avec l'infini, de clair-obscur dans mon âme, pour que je ne désirasse pas m'y soustraire. Maladie de l'homme, mais maladie dont le sentiment même est un attrait au lieu d'être une douleur, et où la mort ressemble à un voluptueux évanouissement dans l'infini. J'étais résolu à m'y livrer désormais tout entier, à me séquestrer de toute société qui pouvait m'en distraire, et à m'envelopper de silence, de solitude et de froideur, au milieu du monde que je rencontrerais là; mon isolement d'esprit était un linceul à travers lequel je ne voulais plus voir les hommes, mais seulement la nature et Dieu (p. 31). »

Les conséquences de cette disposition de l'âme furent pour Rousseau, Goëthe, Chateaubriand, Raphaël, des tentations de suicide; c'est ce qu'on observe dans la plupart des cas de ce genre. Chateaubriand raconte ainsi cet événement de sa vie :

« Me voici arrivé à un moment où j'ai besoin de quelque force pour confesser ma faiblesse. L'homme qui attente à ses jours montre moins la vigueur de son âme que la défaillance de sa nature.

» Je possédais un fusil de chasse dont la détente usée partait souvent au repos. Je chargeai ce fusil de trois balles, et je me rendis dans un endroit écarté du Grand-Mail ; j'armai ce fusil, j'introduisis le bout du canon dans ma bouche, je frappai la crosse contre terre ; je réitérai plusieurs fois l'épreuve : le coup ne partit pas ; l'apparition d'un garde suspendit ma résolution. Fataliste sans le vouloir et sans le savoir, je supposai que mon heure n'était pas arrivée, et je remis à un autre jour l'exécution de mon projet. Si je m'étais tué, tout ce que j'ai été s'ensevelissait avec moi ; on ne saurait rien de l'histoire qui m'aurait conduit à ma catastrophe ; j'aurais grossi la foule des infortunés sans nom : je ne me serais pas fait suivre à la trace de mes chagrins, comme un blessé à la trace de son sang (*Mémoires d'outre-tombe*, *Presse*, 31 octobre 1848). »

Raphaël, comme Châteaubriand, a aussi son jour de désespoir : « J'enlaçai, dit-il, huit fois autour de son corps et du mien, étroitement unis comme dans un linceul, les cordes du filet des pêcheurs qui se trouvèrent sous ma main dans le bateau. Je la soulevai dans mes bras, que j'avais conservé libres, pour la précipiter avec moi dans les flots..... Au moment même où l'élan que j'avais pris avec mes pieds allait nous engloutir à jamais ensemble, je sentis sa tête pâle se renverser, comme le poids d'une chose morte, sur mon épaule, et son corps s'affaisser sur mes genoux. » (*Raphaël*, Pages de la 20e année, p. 159 et suiv., Paris 1849.)

Ainsi, à dix-huit siècles de distance, on constate la même disposition maladive des âmes, masquée sous des formes différentes, mais produite au fond par les mêmes passions. C'est que dans ces deux civilisations le but d'activité s'est également perdu. L'amour de la patrie chez les anciens, le sentiment religieux chez les modernes, n'ont plus de racines dans les cœurs. L'individualisme, plus puissant que jamais, lève sa tête orgueilleuse sans être retenu par aucun frein. Ce rapport entre les deux époques n'est-il pas de nature à inspirer les plus sérieuses inquiétudes ? M. Molé s'est donc trompé étrangement en répondant au discours de réception de M. Alfred de Vigny, lorsqu'il a dit, dans son amère critique de ce beau morceau d'éloquence : « Rien ne ressemble aux deux caractères de Chatterton et de Kitty Bell, pas même ce qui les rappelle, comme Gilbert, Werther, Réné lui-même, et toute cette famille, hélas! si attachante, d'âmes et d'esprits malades, qui remonte jusqu'à J.-J. Rousseau. Au delà du XVIIIe siècle, on ne retrouve plus leur trace. Ils appartiennent à des générations amollies, à une civilisation énervée, où l'homme, s'absorbant en lui-même et s'apitoyant sur sa propre destinée, s'isole de ses semblables et concentre toute son existence dans un stérile et plaintif orgueil. » Sérène, Stagyre, sont bien évidemment de la même famille, et doivent être regardés comme les aïeux de Werther, de René et de tant d'autres.

En général, dans les sociétés qui vieillissent, a dit un auteur moderne, les âmes ayant perdu le soutien de la foi et acquis la triste expérience du passé sans avoir trouvé la confiance dans l'avenir, les *âmes lasses d'elles-mêmes*, suivant l'expression de Montesquieu, tombent dans une tristesse pernicieuse qui appelle le sommeil et la mort. A leurs yeux, la mort se présente comme le seul bien que personne ne peut leur enlever; elles prennent l'habitude de la regarder en face, sans terreur; de nombreux exemples les aident à la dépouiller de l'idée de honte qui s'y attache, et ainsi se propage et s'étend l'idée de suicide.

En terminant cet exposé historique, nous devons faire une remarque importante : la maladie de l'ennui, même avec tendance au suicide, ne peut être considérée comme une variété de la folie, à moins qu'elle ne s'accompagne du désordre des sentiments et des facultés intellectuelles. Vouloir faire d'une maladie morale un appendice de la folie, c'est combler une des mines les plus riches en observations, c'est justifier le reproche tant de fois adressé aux aliénistes de voir partout leur marotte. L'ennui de Sérène, de Stagyre, de Werther, de Réné, de Raphaël, etc., tient bien plus à des causes sociales qu'individuelles :

2

il est le symptôme d'une civilisation vieillie et blasée, aux époques de décadence et d'indifférence religieuse et politique, et d'analyse universelle. L'ennui conduit souvent, il est vrai, à la folie; il s'en distingue par des caractères bien tranchés; c'est une maladie morale qui peut réclamer les secours de la médecine, mais dont la cure préventive a besoin d'intermédiaires bien autrement puissants.

DEUXIÈME PARTIE.

Jusqu'ici nous n'avons examiné l'ennui qu'au point de vue historique; nous allons maintenant l'étudier dans les recherches qui nous sont propres; elles résultent du dépouillement de 4,595 procès-verbaux de suicides qui formeront les éléments du travail que nous préparons depuis plusieurs années sur la mort volontaire.

Parmi les 4,595 individus dont nous avons analysé les procès-veraaux, on en trouve 160 qui sont désignés comme ayant attenté à leurs jours par dégoût de la vie. Sur ce nombre, 40 y ont été conduits par l'affaiblissement de leurs forces, les souffrances de la maladie, 32 par la misère, 20 par les chagrins en général, 19 par les chagrins domestiques, 16 par amour, 5 par vanité, 2 par peur, 1 par jalousie. Restent 25 personnes dont le suicide paraît évidemment avoir été déterminé par l'ennui, le découragement, la mélancolie. La proportion de cette seconde catégorie est beaucoup plus considérable, si l'on consulte les écrits dont le chiffre s'élève à 237 (192 h., 45 f.). Ainsi l'ennui est rapporté 138 fois à des motifs connus, qui sont ceux déjà indiqués; 99 fois il n'a d'autre source que lui-même et provient de l'éducation, des idées dominantes, du tempérament, de l'organisation, de l'humeur des individus.

En réunissant ces causes en tableau, on a le résultat suivant :

Dégoût de la vie.

Par rêverie, ennui, découragement, mélancolie, désespérance	99
Affaiblissement des forces, maladies	40
Misère	32
Chagrins en général	23
Chagrins domestiques	19
Amour	16
Vanité	5
Peur	2
Jalousie	1
	237

Les peines morales, les souffrances physiques, peuvent donc produire l'ennui, le dégoût de la vie; mais il y a alors des éléments complexes, et cette distinction est utile à faire. Ainsi, un homme perd une personne tendrement aimée; la vie, jusqu'alors pleine de charmes, lui devient insupportable, et il se tue pour échapper à son désespoir. Dans ce cas, l'ennui est la cause secondaire; le chagrin de la perte de l'objet aimé, le point de départ du mal moral. Il peut arriver, au contraire, que la rêverie, le vague des pensées, l'ennui, la mélancolie, les idées noires soient le caractère habituel de l'individu; rien ne lui plaît, tout l'attriste; il se plaint des autres, de lui-même, des choses. Vienne une peine vive, il se lancera dans l'éternité; souvent même la simple exagération de cette disposition d'esprit suffira pour amener la catastrophe. Ici l'état mélancolique de l'âme est la cause première, et le chagrin, la circonstance accessoire. Il y a donc un ennui acquis et un ennui originel.

Esquirol a rejeté l'influence de l'ennui sur le suicide, en cherchant à établir qu'il avait toujours quelque chose de dérangé dans l'esprit, et que les heureux de la terre ne se tuaient jamais par ennui. Cette assertion de notre maître montre qu'il avait plutôt étudié la question en médecin qu'en moraliste. L'observation intime prouve, en effet, qu'il y a des natures rêveuses, mélancoliques, molles, quoique capables d'élans vigoureux, qui sont saisies par moments d'un tel découragement, qu'elles désirent la mort et se la donneraient même, si elles ne faisaient appel à leurs sentiments religieux et moraux. Nous sommes les jouets de mille petites misères qui, dans une mauvaise disposition d'esprit et de corps, prennent des proportions gigantesques, et peuvent nous conduire aux plus fatales extrémités. Que de fois des hommes parfaitement maîtres d'eux, d'une raison supérieure, par suite de leur état d'irritabilité, sont sur le point de se livrer à des transports de colère, de briser tout ce qui leur tombe sous la main, de s'abandonner à des actes dont la pensée seule leur fait monter la rougeur au front?

Quel est l'observateur qui n'a pas rencontré au milieu des siens, parmi ses amis et ses connaissances, de ces âmes inquiètes, rêveuses, mélancoliques, impatientes de tout frein, pour lesquelles les remontrances de la famille sont autant de blessures profondes, qui n'aspirent qu'au moment d'être libres; aucun travail sérieux ne leur est possible; elles n'aiment qu'à songer; leur imagination ne vit que de chimères; la réalité leur est odieuse. Orgueilleuses, pleines d'elles-mêmes, fières de leur esprit, dont elles s'exagèrent toujours la portée, elles se plaisent à quitter les sentiers battus pour faire acte d'autorité. Les joies du foyer leur sont inconnues, et les souvenirs de la jeunesse ne leur rappellent que d'amers regrets. A mesure qu'elles avancent dans la vie, leur personnalité grandit; si la célébrité vient les trouver, elles s'isolent complétement de leurs rivaux, ne se laissent approcher que par leurs adorateurs, pour lesquels la moindre infraction au culte est un arrêt de renvoi. Au sein de ces succès que tout le monde leur envie, elles sont en proie à mille soucis. Transportées de joie un moment, elles retombent dans l'ennui qui les presse; ces succès eux-mêmes leur paraissent au-dessous de l'idéal qu'elles se sont forgé. N'est-ce que cela?

s'écrient-elles en touchant ce qu'elles avaient souhaité. Alors, pour occuper l'activité de leurs pensées, elles se jettent dans les affaires, se donnent en spectacle au monde, livrent le secret de cette mobilité, de cette inconsistance, de cette adoration du moi qui sont les traits distinctifs de leur caractère. Au sein de cette agitation factice, l'ennui les suit partout. Leur âge mûr se consume en actions grandes et petites, en fautes de toute espèce, jusqu'à ce qu'enfin la faveur publique, après laquelle elles avaient tant couru, s'éloigne d'elles et les oblige à rentrer dans la solitude. Irritées contre elles-mêmes, irritées contre les autres, elles passent le reste de leurs jours dans la mélancolie, l'ennui, le dégoût, la solitude, heureuses encore lorsqu'elles ne laissent pas après elles de ces souvenirs qui vont porter le deuil et la désolation dans les familles.

Quant aux rêveurs vulgaires, à ces esprits de second et de troisième ordre, qui n'ont jamais pu sortir de l'obscurité, repliés en eux-mêmes, ils se plaisent à faire défiler des horizons nouveaux qui leur échappent sans cesse, parce qu'ils ne font aucun effort dans leur esprit pour les fixer; si par hasard ils s'élancent dans la réalité, leurs projets ne reçoivent qu'un commencement d'exécution. Rendus impressionnables au dernier degré par cette existence contemplative dont l'agitation est tout intérieure, le plus léger obstacle, le moindre événement suffisent pour les décourager. Procédant toujours par bonds inégaux, inconstants, capricieux, mobiles, fantasques, ils sont un tourment pour leur famille, un fardeau pour leurs amis. Se croyant méconnus, ces génies incompris, saturés d'égoïsme, deviennent de plus en plus tristes, moroses, mélancoliques; tout les ennuie, tout les fatigue, la vie ne leur paraît plus qu'une amère déception, un poids insupportable, ils n'aspirent qu'à en sortir, et le suicide leur semble l'unique ressource pour s'affranchir de ces maux.

Eh bien, je le demande, y a-t-il folie dans ces âmes rêveuses? La réponse ne saurait être douteuse. On peut, à la vérité, invoquer une prédisposition, mais les idées du temps, l'éducation, les doctrines rendent très bien compte de cet état de l'esprit.

Il n'est nullement besoin d'être fou pour être mordu au cœur à l'époque actuelle par l'ennui et le dégoût de la vie. Lorsque personne n'est sûr de son lendemain, que la réputation, la propriété, la fortune, n'ont rien de stable; lorsque conservateurs et socialistes commencent tous leurs écrits par cette phrase : *Nous marchons vers l'inconnu*; qu'en regardant autour de soi on ne découvre que des ruines, pas une institution debout, et que l'intelligence est obligée de s'abriter sous le fer, croyez-vous que la tranquillité d'âme dont parle Sénèque soit à l'usage du grand nombre? Cette prescience du mal à venir, ne dirait-on pas qu'elle est générale? En voyant les populations s'élancer comme des torrents à la recherche du plaisir, ne comprend-on pas qu'elles veulent se fuir et détourner leur vue du mal qui est à leurs portes? N'est-ce pas l'image fidèle des Juifs au siége de Samarie, s'écriant : « Buvons et mangeons, car nous mourrons demain? »

Il est une époque où le dégoût de la vie paraît surtout se lier aux modifications que subissent les organes sexuels. Passager chez les uns, il exerce son influence avec force chez les personnes habituellement rêveuses et portées à la tristesse. C'est dans l'adolescence que se manifeste ce découragement, cette fatigue de la vie. Les jeunes gens sentent naître en eux des idées toutes nouvelles; ils recherchent la solitude, se plaisent dans leurs propres pensées, qui ne leur retracent que des objets mélancoliques. Ils poursuivent un fantôme qu'ils ne peuvent atteindre. Leur sensibilité est surexcitée. Les plus légères contrariétés sont pour eux de graves sujets de peine. Ils n'aperçoivent que des chemins escarpés, remplis de précipices, des horizons sans fin auxquels ils ne pourront jamais arriver. L'imagination ne cesse de leur grandir les obstacles et les périls; la rêverie les enveloppe de toutes parts; ils vivent alors dans un monde de chimères, et tout prend à leurs yeux des dimensions énormes.

Cet état est surtout commun aux âmes tendres, aux sujets contemplatifs, aux organisations nerveuses, impressionnables. Il y a longtemps que l'antiquité avait fait la remarque que l'ennui de la vie se faisait particulièrement sentir chez les jeunes filles au moment de la puberté.

Cette vivacité d'impressions, si fréquente à cet âge, peut encore expliquer pourquoi tant d'hommes célèbres ont été poursuivis, au début de leur carrière, par le démon du suicide. Dans ses *Mémoires d'outre-tombe*, Chateaubriand a parfaitement décrit les effets de ce genre de surexcitation. Mais l'amour, chez les hommes de génie, n'est qu'une forme de l'immensité de leurs désirs. Leur vie se passe à courir après un idéal qu'ils ne saisissent jamais, et le désenchantement les conduit de bonne heure à désirer la mort. « Je me composai, dit le grand écrivain, une femme de toutes les femmes que j'avais vues ! L'enchanteresse pour laquelle me venait ma folie était un mélange de mystère et de passion ; je la plaçais sur un autel et je l'adorais. Ce délire dura deux années entières, pendant lesquelles les facultés de mon âme parvinrent au plus haut point d'exaltation. »

Rien de plus commun, chez les artistes enivrés des applaudissements du public, que l'abattement, le chagrin, le désespoir, le désir de la mort, lorsque cette faveur vient à se retirer d'eux. Tous ceux qui ont connu Nourrit savent ce qu'il y avait de bonté, d'élévation et de sensibilité dans cet excellent homme. Un succès partagé fut le commencement de ses maux, et un sifflet qu'il crut entendre, son arrêt de mort.

Le célèbre G..., était d'un caractère peu communicatif, et excessivement impressionnable, comme tous les hommes nés avec de grands talents ; mais, lorsqu'on avait gagné sa confiance, il causait avec beaucoup d'abandon. Se trouvant un jour chez l'excellent M. Honoré, qu'il était venu consulter, la conversation s'engage naturellement sur son art, sur ses compositions. G..., après avoir remercié le médecin des éloges vrais et bien sentis qu'il avait chaleureusement exprimés, lui dit d'un air triste : « Et cependant on ne me fait plus de commandes. » Ce regret mélancolique se reproduisit à diverses reprises pendant la durée de la visite. Il est hors de doute que dès ce moment il existait un sentiment profond de découragement dans son esprit, et que son visage avait un air de tristesse marqué. La conversation s'étant prolongée sur ce sujet, il s'écria en se frappant la tête et le cœur : « Docteur, vous que votre profession rend si apte à juger les hommes, croyez-vous qu'il n'y ait plus rien là ? » Ceci se passait l'hiver qui précéda son suicide.

Les divers tableaux qui avaient fait sa réputation ayant été passés en revue, il raconta à M. Honoré, à propos des *Pestiférés de Jaffa*, une anecdote qui prouve que, depuis Michel-Ange, on ne blesse pas impunément les artistes. J'avais rencontré, sur le boulevard, le maréchal B..., qui était alors un grand personnage, et avec lequel j'avais été camarade de classe. Sa réception fut polie, mais mêlée d'une certaine teinte de protection. Il m'engagea cependant à venir le voir. Quelques temps après j'allai chez lui, mais comme on me laissait faire antichambre trop longtemps, je me retirai. Napoléon m'ayant commandé le tableau des *Pestiférés*, je pris des renseignements sur tous les personnages qui s'étaient trouvés à cette visite si fameuse. J'écrivis au maréchal B... que son portrait en pied devait faire partie du tableau, et qu'il voulût bien m'indiquer le jour où il viendrait poser : je l'attendis inutilement. Mécontent de cette manière d'agir, justement blessé de ses procédés, je lui cachai la figure avec un mouchoir. Il s'en plaignit vivement à l'empereur, mais le mouchoir resta, comme le cardinal dans le tableau du *Jugement dernier*.

Le découragement, l'ennui de la vie, ne se manifestent pas seulement parmi les poëtes, les artistes; on les observe chez les hommes d'une trempe plus vigoureuse. Napoléon en est un exemple frappant. Nous pourrions citer également Dupuytren.

« Il y a, disions-nous en parlant de ce grand chirurgien, dans la vie des personnages illustres, un moment d'un immense intérêt : c'est celui où, mettant pour la première fois le pied sur le seuil de la vie réelle, ils vont commencer cette lutte terrible dans laquelle la plupart trouveront la misère et la mort, le petit nombre la fortune et la gloire. On éprouve un besoin impérieux de connaître le secret de ces années mystérieuses, longues alternatives de joies et de douleurs, d'espérances et de déceptions, triste époque où le suicide, souvent évoqué, vient se poser en face de la renommée future, n'attendant plus qu'un dernier signal pour l'entraîner dans le gouffre de l'oubli. Par quels efforts ces hommes si enviés ont-ils triomphé des obstacles qui les environnaient de toutes parts, de cet éloignement invincible qu'on éprouve pour les noms nouveaux? Comment ont-ils franchi ce mur d'airain que la fortune avait mis entre eux et le monde? Au milieu de cette solitude, de cet isolement dans lequel ils vivaient, ont-ils rencontré un ami, un protecteur, qui leur étaient si nécessaires? Détrompez-vous! personne n'est venu. Ce qu'ils sont ils le doivent à eux-mêmes, à la trempe de leur caractère ; ce que leur cœur a souffert, nul ne le sait. Ils n'ont pas faibli, ils ont tout affronté, ils n'ont reculé devant aucun danger. Mais à quel prix ont-ils conquis cette réputation si brillante? La somme des misères qu'il leur a fallu subir est réellement effrayante. » (Brierre de Boismont et Marx, *Leçons orales de clinique chirurgicale, faites à l'Hôtel-Dieu de Paris par Dupuytren*, Paris, 1839, 6 vol. in-8.; *Notice historique*, p. VI, t. I.)

Le professeur Cruveilhier dit que Dupuytren était naturellement triste et mélancolique. « Je crois même savoir, ajoute-t-il (le fait est positif), que, dès sa jeunesse, le dégoût de la vie s'était emparé de lui, et qu'une pensée terrible, mais qu'il a toujours repoussée avec courage, avait souvent troublé son repos. » (Cruveilhier, *Plutarque français*, t. VIII, p. 22.)

Pariset avait eu aussi son mauvais jour, et l'on a pu lire dans la *Notice nécrologique* de la *Gazette des hôpitaux* que son meilleur ami le trouva un matin faisant ses préparatifs de suicide. Enfin nous pourrions encore citer l'anecdote d'un publiciste fameux qui, dans un de ses moments de découragement, voulut se brûler la cervelle et, heureusement pour lui, se cassa seulement l'épaule.

Dans les 4,595 procès-verbaux qui ont servi de base à nos recherches, le nombre de notes, de lettres, d'écrits, de pièces de vers laissés par ceux qui quittent la vie par ennui, dégoût, désespérance, scepticisme, indifférence, croyances matérialistes, s'élève à 237. Nous les avons divisés en deux séries : la première, la plus nombreuse, comprend ceux dont le spleen, le *tædium vitæ*, a succédé à un chagrin, à une souffrance quelconque (*ennui acquis, secondaire*); la seconde renferme les suicidés chez lesquels la rêverie, la mélancolie, ont toujours existé (*ennui originel, primitif*).

Nous choisirons dans ces deux catégories quelques uns des faits qui nous ont paru les plus intéressants, et nous signalerons surtout dans la seconde série, qui est la partie principale de ce travail, les nuances diverses qu'a présentées l'ennui primitif dans les écrits des suicidés.

Toutes les misères humaines peuvent engendrer l'ennui et le dégoût de la vie ; l'énumération du tableau en a indiqué plusieurs.

« Accablé par les années et les infirmités, écrit un père à ses filles, hors d'état de travailler, entièrement à votre charge, ayant vainement tenté depuis trois mois d'entrer dans un hôpital, je saisis le moment où vous êtes sorties pour me débarrasser d'un fardeau aussi lourd. » — « Les souffrances m'ont rendu la vie insupportable, dit un autre. » Et ceux qui l'ont connu font observer à l'officier ministériel que la gravité de son mal ne leur paraît pas en rapport avec sa fatale résolution ; mais, selon la remarque de Chateaubriand, il en est des souffrances comme des patries, chacun a la sienne ; vouloir les ramener toutes à des types connus, c'est ne tenir aucun compte du mode de sensibilité propre à chaque homme. Dans une troisième lettre, on lit ces lignes : « Depuis près de deux ans que j'ai perdu ma femme, il m'est impossible de l'oublier ; mes regrets sont aujourd'hui plus vifs que jamais, et l'ennui me suit partout. En vain ai-je pris une nouvelle compagne, le souvenir de ma première femme ne me laisse pas un instant de repos ; je vais la rejoindre dans l'éternité. Tout ce que je demande à ma famille, c'est de me faire enterrer près de celle qui, si elle eût vécu, eût empêché tous mes malheurs. »

Sur une table, près d'un homme qui vient de mettre un terme à ses jours, on trouve à côté d'une lettre de sa femme, dans laquelle elle l'exhorte à revenir près d'elle, bien persuadée que leur travail réuni leur assurera une existence honnête, une réponse de sa main ainsi conçue : « En proie à un ennui et à un dégoût de la vie que rien ne peut vaincre, je ne puis d'ailleurs supporter l'idée de retourner dans mon pays avec la livrée de la misère, et de montrer à mes compatriotes que mon esprit, mon éducation, mes travaux, ne m'ont conduit à rien. » Qui de nous n'a pas senti la vérité de ces regrets et souvent préféré dans son cœur la mort aux blessures de l'amour-propre ? Si nous voulions rapporter tous les faits analogues, nous grossirions cet extrait hors de mesure ; nier l'ennui, c'est nier l'évidence. Il n'y a aucune exagération à dire que l'ennui est l'ombre de l'humanité.

Mais le côté qui nous intéresse le plus est l'ennui primitif, originel, humoristique, l'ennui des Sérène, des Stagyre, des Werther, des René. Nous allons le constater chez une foule d'hommes, fort différent sans doute pour la forme, mais semblable en tout point pour le fond. Rien de plus ordinaire que de lire dans les notes manuscrites des suicidés : La vie m'est à charge, insupportable ; j'en suis las ; le monde me fait horreur, l'ennui me dévore, etc.

Souvent c'est un sentiment de découragement, d'impuissance, qui ôte toute énergie à la volonté, toute espérance dans l'avenir.

« Mes bons amis, je vous fais mes adieux, car j'ai résolu de mourir. J'ai eu si peu d'agréments sur la terre que je la quitte sans regrets. C'est une idée que j'ai depuis trois ans; je me suis toujours dit que jamais je ne pourrais parvenir à être quelque chose par mes talents qui sont nuls, par mon esprit qui ne vaut guère mieux. Ainsi, pour végéter pendant trente ou quarante ans, peut-être plus, peut-être moins, ce n'est pas la peine de vivre; et d'ailleurs je trouve trop monotone mon existence où je n'ai personne qui me comprenne, pas un cœur qui réponde au mien comme je le voudrais, pas de plaisirs qui me la fassent passer doucement. Je sais que je suis encore jeune, et que tout cela pourrait venir; mais je n'ai pas la patience d'attendre, et je suis très content d'avoir le courage de me délivrer de toutes les inquiétudes futures. Si j'avais eu un plus brillant avenir devant moi, je serais peut-être resté; mais je serai certainement plus tranquille avec cinq ou six pieds de terre par-dessus le corps que si j'étais debout. J'avais toujours résolu de ne pas passer trente-deux ans, si mon sort ne s'améliorait pas; je ne manque donc pas à ma résolution, arrêtée depuis longtemps.

» Hors mon père et ma mère et vous, que j'ai toujours considérés comme mes amis les plus chers, je ne regrette rien dans ce monde. N'ayant jamais fait de mal à personne, ni commis aucune action que je puisse me reprocher, je crois fermement que je serai plus heureux dans l'autre. Le dernier service que je vous prie de me rendre, c'est de ne pas me laisser enterrer avant de vous assurer que je suis bien mort. Je ne crains pas d'en finir, mais je serais bien malheureux si je me réveillais entre cinq planches. Le moyen de vous en assurer sera de me faire ouvrir les quatre veines. On doit voir que ce n'est pas le désespoir qui me fait m'ôter la vie, car par mon écriture, il est facile de s'apercevoir que ma main ne tremble pas. »

Un de ces ennuyés de la vie se plaint de n'avoir pas reçu à vingt-trois ans l'éducation qui lui aurait permis de se faire un nom parmi les puissants et les riches; il refuse la place qu'on lui offrait comme peu digne de lui, s'en prend à Dieu, à ses parents, à la société.

L'ennui de la vie est souvent dû à une tristesse indéfinissable, à une *mélancolie profonde*, à une *teinte noire des idées*, qu'aucune distraction, aucun raisonnement ne peuvent surmonter. Il se trouvera sans doute des médecins qui soutiendront que cet état est le premier degré de la monomanie triste; c'est la conséquence du système qui généralise la folie outre mesure. Mais, à ce compte, les personnes qui éprouvent sans cause connue, par un simple changement de temps, la moindre contrariété, de la *mélancolie*, *des angoisses*; pour lesquelles tout est fatigue, ennui, dégoût; qui ne peuvent alors supporter la plus légère observation, et ne s'affranchissent de cette véritable souffrance morale que par des distractions variées, ces personnes seraient aliénées. N'est-ce pas le cas de répondre que quand on veut trop prouver on ne prouve rien?

Un jeune homme de vingt-cinq ans, dans une position heureuse de fortune, vivant au milieu de sa famille, chéri de tous, avait été, dès son enfance, d'une *humeur chagrine*. Les années ne le changèrent pas; il se montra habituellement *mélancolique* et sombre, et lorsqu'on lui demandait la cause de sa taciturnité, il évitait les explications; souvent il lui arrivait de faire des demandes de la nature de celle-ci : « Dites-moi, vous ennuyez-vous? Pour moi, je m'ennuie beaucoup. » Il ne prenait que rarement part aux divertissements de ses amis, et alors il ne faisait que céder à leurs obsessions. Il était toujours froid, réservé et très peu confiant. Il y a trois semaines on le vit façonner la planche qui a servi aux tristes préparatifs de sa mort; interrogé sur l'usage qu'il en voulait faire, il se borna à répondre qu'on le verrait plus tard. Le jour de sa mort il vint, comme d'habitude, s'informer de la santé de son père, déjeuna et ne reparut plus. Lorsqu'il fut trouvé au milieu des singuliers préparatifs qu'il avait imaginés pour ne pas ensanglanter le sol (1), on s'aperçut qu'il avait écrit au crayon plusieurs recommandations sur les murailles, et que dans un petit coffre étaient renfermées des lettres où il parlait de son funeste dessein : « Je vais aller dans le ciel avec ma mère et Eugène D..., si toutefois ceux qui se donnent la mort peuvent prétendre au séjour céleste. Personne sur la terre n'aura de reproches à adresser à ma mémoire touchant l'honneur, la probité, la conscience, et je meurs satisfait sur ces trois points..... Je regrette d'être inutile par ma mort à mon pays et à mes parents. »

Sur une boiserie on lisait : « L'appareil de ma fin est dressé... Adieu, mon père, mes frères, parents et amis... S'il plaît à Dieu, nous nous reverrons dans l'autre monde. De la main gauche je tiens l'arme qui va m'y précipiter... Adieu pour toujours... Adieu! adieu! adieu!... Priez Dieu pour le repos de mon âme. »

Sur la planche en question, il avait écrit, faisant allusion à cette même planche et au panier : « Par ce moyen, la trace de mon sang ne souillera pas le carreau, et l'empreinte des quatre balles qui vont me traverser ne sera marquée que sur cette planche; c'est déjà trop que la maison de mon père soit le théâtre de ma mort. »

Il écrivait au peintre qui venait de faire son portrait : « Quand vous recevrez cette lettre, je ne vivrai plus que dans le tableau que vous avez si bien exécuté. Mes yeux seront éteints, et mon image seule pourra rappeler à mon pauvre père ce qu'ils étaient primitivement.

» Sur le point de quitter la vie, il faut que j'écarte la douloureuse pensée que je vais dire un éternel adieu à mes chers parents. Plus heureux qu'eux, il n'y aura pour moi de terrible

---

(1) Vis-à-vis de son appareil était une planche destinée à amortir les balles, et au-dessous un panier rempli de son pour recevoir le sang.

que la séparation; ma résolution exécutée, tout sera anéanti, imagination, organes, et je serai inaccessible à toutes les tentations. Mais... cela ne suffit pas; *jamais l'égoïsme n'a eu place* dans mon cœur, et l'enivrante perspective du repos que je vais goûter dans la mort ne m'aveugle pas sur la position affligeante dans laquelle je vais laisser mon père, mes frères. Puissent-ils trouver dans mes traits si fidèlement reproduits par vous un adoucissement à leur cruelle douleur !

» Demain, à dix heures du matin, *j'aurai rendu mon âme à Dieu*, si des circonstances indépendantes de ma volonté n'y mettent obstacle. »

Dans la lettre à son père, il dépeignait l'ennui qui l'avait toujours consumé, et auquel il lui était impossible de résister plus longtemps, car dans cette lutte, disait-il, je suis sûr de devenir la proie de la folie.

L'idée du suicide se présente quelquefois d'une manière continue et pendant longtemps, sans que ceux qui en sont poursuivis aient aucun motif réel. Rien ne les amuse, ne les intéresse, l'existence leur est à charge. « Ce pistolet, écrit l'un de ces infortunés, n'est destiné que pour moi, *il ne fera de mal qu'à moi*. Depuis six ans cette idée ne m'a point quitté; je porte toujours mon arme sur moi; mais depuis quelque temps surtout je suis assailli de pressentiments funestes, de pensées de mort. Que vous dirai-je enfin? Je regarde comme très proche le moment où je mettrai un terme à une vie aussi malheureuse. »

On retrouve dans les paroles, dans les écrits de ceux qui se tuent, leur caractère, leurs habitudes, leur genre de vie, et jusqu'aux influences auxquelles ils ont obéi. Ceux-ci se fatiguent de la vie parce qu'ils sont humiliés de servir les autres; ceux-là s'en vont sans faire leurs adieux parce qu'ils n'ont eu à se louer de personne. Ils ne veulent point qu'on les accompagne, le char des pauvres et la fosse commune sont tout ce qu'ils demandent. Beaucoup de ces malheureux, abandonnés dès leurs plus tendres années par leurs parents, errant sur le pavé de Paris, n'ayant reçu que de mauvais exemples, véritables bohêmes, ne font aucun cas de la vie, et la quittent dès qu'ils ne peuvent plus satisfaire leurs grossiers appétits. « Punitions, privations, obéissance, s'écrie un soldat, je n'en veux plus ; qu'on ramasse mon corps et qu'on l'enterre, voilà le seul service que je réclame. La pensée de Dieu ne m'a jamais occupé, et je ne crois point à une autre vie. »

Il en est qui se plaignent d'être étrangers à ceux qui les entourent, du sort malheureux qui s'acharne après eux, de ne pas trouver de consolation, de ne pouvoir supporter la misère et les contrariétés, d'être tourmentés par le mal d'imagination.

Quelquefois les motifs qui poussent au suicide sont puisés dans les réflexions pénibles qu'inspire une lutte continuelle contre la misère et les chagrins de tous les jours, qu'augmente encore le désir de jouissances qu'on ne peut se procurer.

La répugnance invincible que quelques uns éprouvent pour toute occupation quelconque leur rend l'existence pénible, ennuyeuse ; tout leur inspire du dégoût. Un de ces individus se plaint à sa sœur de toujours travailler et de n'avoir pas assez de temps pour se divertir. Ce paria de la vie gagne cependant très facilement ses six francs par jour ; mais il fait partie de cette série trop nombreuse d'ouvriers qui, sans capacité, sans éducation, paresseux avec délices, sont mécontents de leur sort, voudraient boire, manger, s'amuser sans se donner aucun mal, et s'imaginent arriver à ce but tant désiré quand il n'y aura plus de bourgeois ni de riches.

Les excès, les reproches qui en sont la conséquence peuvent conduire au dégoût de la vie. Un homme plongé dans une débauche continuelle annonce qu'il est las d'une pareille existence. « Je dois, ajoute-t-il, me battre en duel aujourd'hui avec un père de famille que j'ai cruellement offensé. Si je le tuais, je sens que je serais sans cesse tourmenté par le remords ; il vaut mieux, pour lui et pour moi, en finir à l'instant. »

Beaucoup de jeunes gens ne peuvent supporter les moindres

contrariétés sans s'abandonner à tous les emportements du dépit, à tous les écarts d'une imagination déréglée. Nourris de lectures frivoles, n'ayant jamais pu ouvrir un livre sérieux, leur esprit ne se plaît que dans les exagérations, les paradoxes; et dès qu'on fait résistance à leurs volontés du moment, ils s'irritent, maudissent la vie, et menacent de briser leur existence.

Ces apostrophes au malheur se retrouvent dans une foule de lettres. Un jeune homme écrit : « *La vie était devenue un* fardeau trop lourd pour moi; je ne me sentais pas la force de le porter plus longtemps; ne me plaignez pas, car j'étais trop *misérable.* » Un autre *s'écrie* : « Depuis l'âge de quinze ans, j'ai toujours été malheureux; une seule chose m'attachait à l'existence, mon amour pour vous. Si vous m'avez trouvé souvent froid, c'est que ma mauvaise santé ne pouvait que rendre votre sort plus pénible; il valait mieux mettre un terme à mes souffrances; j'en ai eu la force. Puissiez-vous être encore heureuse ! c'est mon dernier vœu. »

Quand cette difficulté de vivre est portée à son plus haut degré, *les sentiments les plus naturels* à l'homme *ne peuvent le* retenir. Plusieurs lettres sont ainsi conçues : La vie m'est devenue insupportable, j'ai résolu d'y mettre fin. Reçois nos adieux. Je te recommande ma fille, tiens-lui lieu de père. Je te prie d'avoir soin d'elle, de veiller à sa conduite, et de t'y intéresser comme si c'était la tienne. Quelques individus supplient les âmes charitables et pieuses de se charger de leurs enfants.

L'ennui de la vie existe à tous les âges : « J'ai passé la soixantaine, écrit *un marchand*; je termine ma carrière. J'ai assez longtemps demeuré sur la terre : seul, sans parents, sans amis, je pars sans tambour ni trompette, pour faire le grand voyage dans la comète. » Sa lettre finit par ces mots : « Qu'on me conduise directement au cimetière dans le char des pauvres; je ne veux personne pour accompagner mon corps. »

Parmi ceux qui se tuent, quelques uns s'entourent de livres, d'objets propres à les fortifier dans leur idée. On a trouvé chez plusieurs d'entre eux, placés à leurs côtés, les *Nuits d'Young*, le *Procès d'Alibaud*, les *Réflexions de madame de Staël*. Dans l'antiquité, Caton d'Utique lut le *Phédon* avant de se percer de son épée.

Il n'est pas rare que les individus qui se tuent par ennui de la vie consignent leurs réflexions à cet instant fatal, et décrivent même, avec un sang-froid extrême, les remarques que le genre de suicide leur a suggérées. Un des faits les plus curieux que l'on possède de ces descriptions de suicide, c'est celui d'un homme qui a pu suivre pendant une heure et cinq minutes les progrès de l'asphyxie.

« Je suis las, écrit-il, de lutter avec l'ennui, la tristesse et le malheur, et de ne pouvoir avoir le dessus, non pour mes affaires, car je n'ai pas de dettes et il m'est au contraire dû; mais la méchanceté de certaines personnes, qui cherchent par tous les moyens à compromettre ma réputation, m'a fait plus de peine que tout ce que j'aurais pu éprouver. Si elles sont accessibles à la pitié, elles réhabiliteront ma mémoire après l'avoir calomniée. Je leur pardonne, mais je doute que celui qui est assez lâche pour vous nuire en cachette ose annoncer ses torts en public. »

Dernièrement, un maréchal des logis du 2e régiment d'artillerie s'est débarrassé d'une existence ennuyeuse en allumant et en soufflant avec la bouche le charbon qui devait lui donner la mort. « Je ne prétends pas montrer plus de courage (ou de lâcheté, comme on voudra l'appeler), mais je veux employer le peu d'instants qui me restent à décrire les sensations qu'on éprouve en s'asphyxiant et la durée des souffrances. Si cela peut être utile, au moins ma mort aura servi à quelque chose. Si je reste court, ce ne sera point pusillanimité de ma part, c'est que je serai dans l'impossibilité de continuer, ou que je préférerai accélérer la catastrophe.

» 7 heures 31 minutes du soir. — Le malheur me poursuit :

je suis en retard de quatre heures trois quarts pour l'exécution de mon projet. Des importuns sont venus sonner, et j'ai été obligé de leur ouvrir dans la crainte qu'ils ne s'aperçussent de quelque chose.

» 7 h. 45 m. — Tout est prêt, le pouls donne 60 à 61 pulsations par minute. J'allume une lampe et une chandelle pour voir laquelle des deux lumières s'éteindra la première. Je prie les savants d'être indulgents si je n'empsloie pa les termes convenables. J'attends huit heures pour allumer le feu.

» 7 h. 55 m. — Le pouls bat 80 fois par minute.

» 7 h. 58 m. — 90 pulsations et souvent plus.

» 8 h. — Je mets le feu.

» 8 h. 3 m. — La braise s'éteignant, je suis obligé de la rallumer avec du papier. Léger mal de tête.

» 8 h. 9 m. — 85 pulsations. Le tuyau du réchaud vient de tomber.

» 8 h. 13 m. — Le mal de tête augmente. La chambre est pleine de fumée; elle me prend à la gorge. Picotement dans les yeux; sentiment de resserrement à la gorge; pouls, 65 pulsations.

» 8 h. 20 m. — La combustion est en pleine activité.

» 8 h. 22 m. — Je viens de respirer un peu d'alcali, cela m'a fait plus de mal que de bien. Les yeux se remplissent de larmes.

» 8 h. 23 m. — Un picotement se fait sentir dans le nez, je commence à souffrir.

» 8 h. 25 m. — Je bois un peu d'eau. Je ne puis presque plus respirer. Je me bouche le nez avec mon mouchoir.

» 8 h. 32 m. — Le nez bouché, je me sens mieux; le pouls bat 63 fois.

» 8 h. 33 m. — Les deux lumières perdent de leur éclat. Je renverse l'eau qui me faisait un grand plaisir à boire.

» 8 h. 35 m. — Le mal de tête augmente. Un frémissement se fait sentir dans tous les membres.

» 8 h. 40 m. — La lumière de la chandelle s'affaiblit plus que celle de la lampe. Un seul fourneau brûle bien, le poële ne marche pas.

» 8 h. 42 m. — Mal de tête plus violent. La lumière de la lampe se soutient mieux; à la vérité, je la remonte de temps en temps. Le poële se rallume; j'ai envie de dormir.

» 8 h. 49 m. — En me bouchant les narines, les yeux se remplissent encore vite de larmes. La chandelle ne jette plus qu'une pâle clarté. Les oreilles me tintent.

» 8 h. 51 m. — La chandelle est presque éteinte, la lampe va toujours. J'ai des nausées, je voudrais avoir de l'eau.

» 8 h. 53 m. — Je souffre dans tout le corps. Je me bouche plus fortement le nez.

» 8 h. 54 m. — La chandelle est éteinte; la lampe continue d'aller.

» 8 h. 56 m. — 81 pulsations. Ma tête est très lourde; je ne puis presque plus écrire. Les fourneaux sont bien allumés.

» 8 h. 58 m. — Les forces m'abandonnent, si j'avais de l'eau j'en prendrais. La lampe va toujours; le mal de tête augmente; l'oppression redouble.

» 9 h. — Je fais un dernier effort; j'ai pris de l'eau, mais c'est fini, je ne vais pas droit; je souffre horriblement. La lampe va toujours.

» 9 h. 1 m. — Je vais un peu mieux; je viens de boire. La lampe faiblit. Le délire me prend.

» 9 h. 5 m. — Le... »

Chez les jeunes gens enclins à la mélancolie, l'isolement, la solitude ne peuvent qu'augmenter cette disposition. Un de ces pauvres délaissés peint ainsi l'état de son âme :

> Jamais d'enfant! jamais d'épouse!
> Nul cœur, près du mien, n'a battu!
> Jamais une bouche jalouse
> Ne m'a demandé : D'où viens-tu?

L'impossibilité de ne pouvoir satisfaire ses goûts, d'être privé de plaisirs que l'âge rend encore plus vifs, est pour quelques jeunes gens une cause de suicide. « J'adore les femmes, écrit l'un d'eux, et je ne puis les avoir; j'aime les spectacles, les chevaux, la bonne table, et ma misère est un obstacle invincible à mes désirs. Une pareille lutte est insupportable; aussi l'existence m'est-elle à charge. Vivre de privations est au-dessus de mes forces; l'ennui, le désespoir me tueraient à petit feu; j'aime mieux en finir tout de suite. »

Il y a des hommes qui, pleins d'amour pour leurs semblables, cherchent tous les moyens d'améliorer leur sort, attaquent les abus, ceux qui en profitent, ne reculent devant aucune inimitié, aucun danger; la plupart meurent à la tâche, dans la misère et dans les larmes; témoin Chervin et tant d'autres. S'ils sont courageux, habiles, dangereux, on les circonvient, on tâche de les gagner; mais si la ruse et l'intrigue sont sans pouvoir contre eux, alors commence une ligue qui va toujours en s'agrandissant; la conspiration du silence s'établit; mille bruits calomnieux, insaisissables, circulent. Abreuvé de chagrin, d'humiliation, le malheureux n'a plus de foi en sa mission, le désespoir le gagne, et il disparaît de la scène.

Il y a quelques années, un jeune compositeur, qui avait sondé les plaies du corps social, publia un livre pour venir en aide à ses compagnons de travail; on accueillit l'idée, mais rien ne fut changé dans le sort des ouvriers. Le découragement s'empara de l'âme de cet infortuné. Après s'être convaincu de l'inutilité de ses efforts, il forma le projet de mettre un terme à ses jours, et consigna ses motifs dans une lettre que nous allons reproduire :

« Je pardonne à ceux qui m'ont fait du mal, et je prie tous ceux à qui j'en ai fait de vouloir bien m'accorder leur pardon.

» Je meurs avec la conviction d'avoir écrit un livre utile à la classe ouvrière; j'ai l'espoir qu'il servira à son émancipation, surtout si l'on veut instituer des prud'hommes, comme je le demande. Je suis certain que, dans l'intérêt de l'ordre, dans l'intérêt de la société, et je le dis après avoir étudié profondément la question et avec la connaissance et l'expérience que j'ai des classes ouvrières, le mode à deux degrés, comme je le propose, est le plus favorable aux ouvriers; c'est celui qui les affranchira plus certainement, et leur fera prendre place dans la société. Si le pouvoir l'adopte, les révolutions matérielles ne me semblent plus possibles (1).

» Je remercie les hommes de la presse qui ont fait connaître mon travail. Je recommande aux ouvriers de se servir de cette voie, qui leur sera toujours ouverte quand ils seront modérés : qu'ils se persuadent bien que c'est elle seule qui les émancipera.

» Si l'on veut savoir pourquoi je me donne la mort, en voici la raison. Dans l'état actuel de la société, pour le travailleur, plus il est personnel, plus il est heureux. S'il aime sa famille et veut son bien-être, il éprouve mille souffrances; mais s'il aime sincèrement la société et ses semblables, s'il veut le bonheur de tous, s'il consacre et perd son temps pour eux, il doit finir comme moi.

» *P. S.* Je voulais faire un travail pour les vieux ouvriers; il faut tout de suite un hôtel royal des invalides industriels. »

L'ennui chez les femmes ne nous a rien présenté de particulier. Depuis quelque temps, écrit l'une d'elles, je suis accablée d'idées tristes, de pensées de mort; des pressentiments funestes tourmentent mon imagination. Que dirai-je enfin? le moment n'est pas éloigné où je mettrai, je crois, un terme à mon existence.

Il paraît cependant positif que l'ennui originel, et par suite le dégoût de la vie, sont moins marqués chez les femmes que chez les hommes, ce qui tient à leurs principes religieux, à leur amour pour leur famille et en particulier pour leurs enfants, à la différence de leurs passions et à la facilité qu'elles ont de se livrer au travail.

(1) C'était cinq ans avant février.

En étudiant l'ennui au point de vue pathologique, nous n'avons examiné que l'exagération de cet état. L'ennui est un phénomène psychologique de notre nature, on l'observe chez l'immense majorité des hommes. Créés par une puissance infinie dont la chute nous a séparés, notre origine nous entraîne sans cesse vers elle. Nos désirs illimités et jamais satisfaits, notre recherche continuelle des plaisirs, nos malaises, nos inquiétudes, nos dégoûts, notre ennui enfin qui est au fond de toutes choses, ne sont que les aspirations du fini vers le souverain maître. Faire toujours la même chose! ce cri désespéré qui s'exhale d'une foule de poitrines, n'est que la protestation contre la déchéance. Réformateurs qui voulez changer le monde en créant le bonheur sur la terre, faites disparaître l'ennui, et vous aurez donné la preuve de votre mission. Il y a dans cette manière d'envisager l'ennui tout un sujet rempli d'aperçus nouveaux, mais l'esprit de ce journal nous a fait penser qu'il fallait nous borner à l'étude morbide de l'ennui.

L'existence de l'ennui comme maladie morale est donc suffisamment prouvée par l'histoire et l'observation ; sa fréquence est hors de doute. C'est surtout aux époques d'indifférence générale, de doute et d'individualisme, qu'il exerce ses ravages Le meilleur moyen de le combattre avec succès serait de lui opposer une foi vive, des convictions fortes, un but d'activité sérieux ; mais à défaut de ces palladium puissants, aujourd'hui momentanément voilés, il faut faire ce que les médecins appellent la *médecine des symptômes.*

Trois moyens sont principalement indiqués par saint Jean Chrysostôme dans ses *Lettres à Stagyre*, et comme ils nous paraissent encore ce qu'il y a de mieux en pareille circonstance, nous les conseillons de nouveau.

Le premier est de ne pas aimer la tristesse qui naît de l'ennui ; le second d'avoir une famille. Il n'est pas bon de vivre seul, a dit un auteur chrétien ; avec la femme et les enfants, il n'y a plus d'isolement possible ; on doit être actif, persévérant, avoir toujours les regards tournés vers l'avenir, car il faut consacrer de longues années à élever ses enfants, à les mettre en état de pourvoir à leurs besoins. Le troisième moyen, qui n'est pas moins important que les deux autres, est d'exercer une profession. Le travail est la loi de Dieu ; l'oisiveté n'a jamais été dans les vues de la Providence, et elle deviendra de plus en plus impossible avec les temps qui se préparent.

C'est en se proposant de bonne heure ce but d'activité qu'un grand nombre de jeunes gens parviendront à surmonter leur mélancolie, et deviendront des citoyens utiles dans l'État ; mais pour obtenir un résultat complet, des efforts unanimes sont nécessaires pour ranimer la foi religieuse, et c'est là le but vers lequel doivent tendre sans cesse tous les ministres qui marchent sous la bannière du Christ.

Les *faits nombreux contenus dans ce travail ne permettent* pas de douter que le suicide ne soit souvent le résultat de l'ennui, du dégoût de la vie.

Ce premier point établi, il faut reconnaître que les suicides de cette catégorie forment deux subdivisions : dans la première se rangent les cas, et ce sont les plus nombreux, où les morts volontaires sont les conséquences de l'ennui, du dégoût de la vie, dus à une souffrance morale ou physique ; dans la seconde viennent se placer les suicides qui résultent d'une mélancolie ou d'idées noires habituelles. Dans l'une, le dégoût de la vie est secondaire ; dans l'autre, il est primitif.

L'ennui de la vie est souvent déterminé par l'abus de la rêverie, la prédominance de la pensée sur l'action, en un mot par l'absence d'un but d'activité. Cet état des âmes est surtout commun aux époques d'indifférence générale, religieuse et politique.

Cette disposition est encore due à la surexcitation de l'époque de la puberté, à la vivacité des impressions de cet âge, à la disposition *mélancolique qui en est le résultat.*

L'amour-propre blessé chez les artistes, les mécomptes de

toute espèce chez les hommes ardents et énergiques, la nature des écrits et des idées du temps, conduisent souvent au dégoût de la vie.

Un sentiment d'orgueil exagéré, une susceptibilité extrême à la moindre contrariété, déterminent chez beaucoup de jeunes gens l'ennui du travail et de la vie.

Les esprits généreux, exaltés, animés du désir d'améliorer le sort de leurs semblables, sont souvent entraînés au dégoût de la vie en voyant l'inutilité de leurs efforts.

L'humeur naturellement *mélancolique* produit le suicide, mais elle ne constitue une espèce de folie qu'autant qu'elle s'accompagne des désordres de la sensibilité et de l'intelligence.

L'ennui de la vie peut se manifester à toutes les époques de l'existence, chez le jeune homme comme chez le vieillard.

Le seul traitement qui puisse combattre avec succès cette grave maladie est la poursuite constante d'un but d'activité; lorsqu'elle se complique d'aliénation, elle exige des moyens spéciaux.

Enfin, et cette conclusion est le résumé du travail, le dégoût de la vie est fréquemment une cause de suicide, sans qu'il y ait cependant de symptômes de folie.

www.ingramcontent.com/pod-product-compliance
Lightning Source LLC
Chambersburg PA
CBHW060746280326
41934CB00010B/2380

* 9 7 8 2 0 1 2 8 2 6 5 4 0 *